COLLECTI[ON]

DES

LIVR[ES]

DES

ANCIENNES EXP[OSITIONS]

DEPUIS 1673 JUSQU[...]

SALON DE [...]

XXVII

PARIS

LIEPMANNSSOHN ET [...]

ÉDITEURS

11, rue des Saint[...]

—

MARS 1870

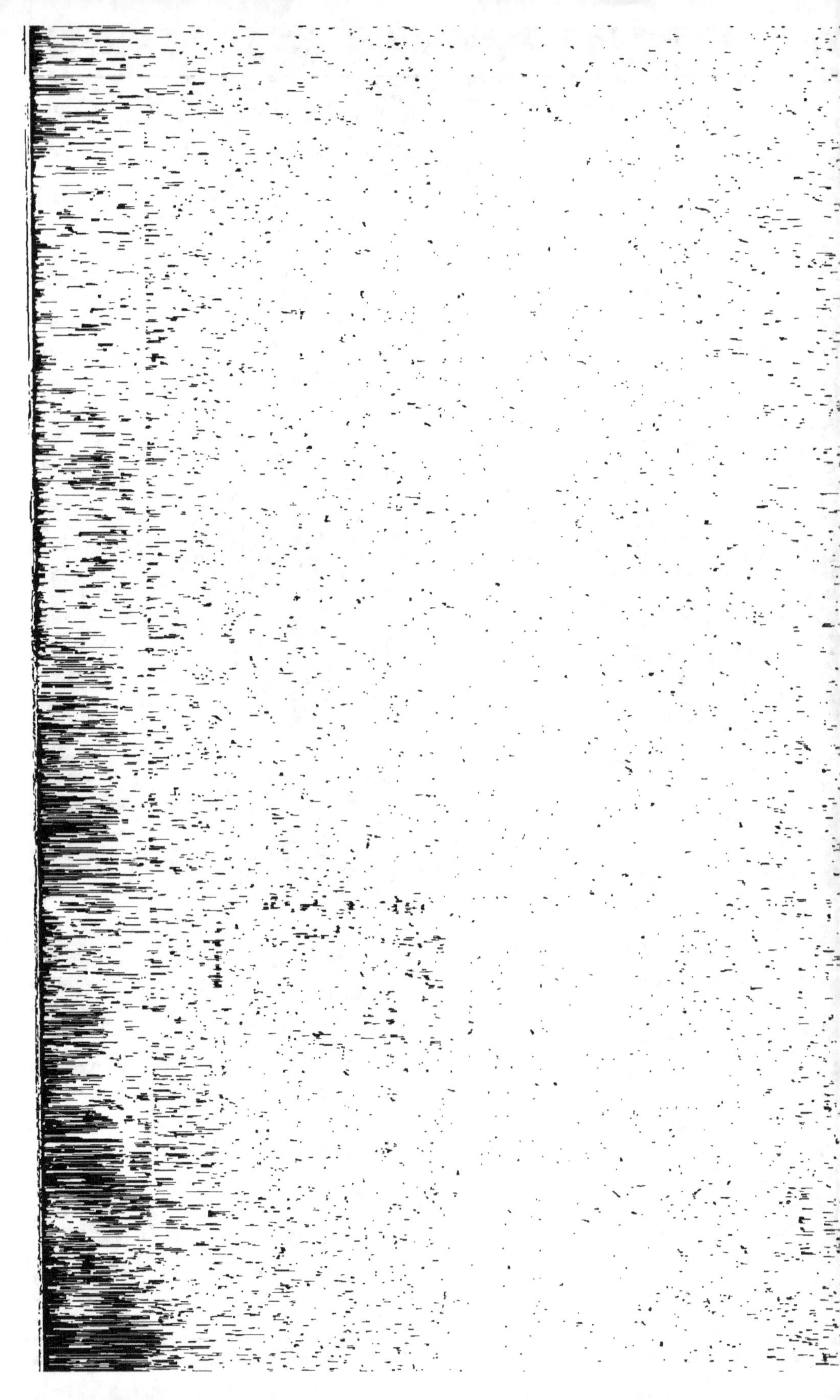

EXPOSITION

DE 1773

—

XXVII

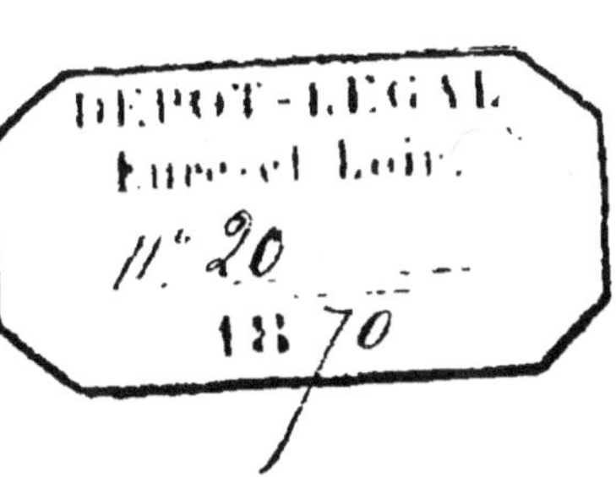

COLLECTION

DES

LIVRETS

DES

ANCIENNES EXPOSITIONS

DEPUIS 1673 JUSQU'EN 1800

EXPOSITION DE 1773

PARIS

LIEPMANNSSOHN ET DUFOUR

ÉDITEURS

11, rue des Saints-Pères

—

MARS 1870

NOMBRE DU TIRAGE

DU LIVRET DE 1773.

375 exemplaires sur papier vergé.
25 — sur papier de Hollande.
10 — sur chine.

N°

Ce livret est vendu seul 2 fr. 5o.

NOTICE BIBLIOGRAPHIQUE.

Livret :

Il n'a eu qu'une seule édition de 57 p. de texte avec 2 p. d'Arrêt et de privilége et 294 n^{os}.

Critiques :

Mercure de France, numéro d'Octobre. Il reproduit l'article suivant :

Description des tableaux exposés au Sallon du Louvre, avec des remarques, par une Société d'Amateurs. Extraordinaire du *Mercure* de Septembre, prix 12 sols, à Paris, au bureau du *Mercure de France*, rue Sainte-Anne, ou chez Sébastien Jorry, Imprimeur-libraire, 1773. In-12 de 67 p.

Mémoires secrets (par le continuateur de Bachaumont), 3 lettres. T. XIII. Ed. de 1780, p. 112-156.

Les trois sallons de 1773, 1777 et 1779. Lettre à Mme la Margrave régnante de Bade. (Manuscrit de 194 p. in-8°, inscrit sous le n° 830, au catalogue Goddé).

(Daudé de Jossan). Eloge des tableaux exposés au Louvre le 26 août 1773, suivi de l'entretien d'un Lord avec l'abbé A... A Paris, 1773, in-8°, 79 p.

Le Dévidoir du Palais-Royal, instrument assez utile aux Peintres du Sallon de 1773. *Ridendo dicere verum.* A La Haye, 1773, in-12, 39 p.

Vision du juif Ben-Esron, fils de Sépher, Marchand de Tableaux, Prix 12 sols. A Amsterdam, 1773, in-8°, 32 p.

Dialogues sur la peinture, seconde édition enrichie de notes. A Paris, imprimé chez Tartouillis, aux dépens de l'Académie, et se distribue à la porte du Salon, in-8°, 168 p. (Cette critique ne fut tirée qu'à cent exemplaires, presque tous saisis par la police).

Année littéraire : 1773, t. V, p. 101-128. — Exposition des Peintures, Sculptures et Gravures de l'Académie royale.

EXPLICATION

DES PEINTURES,

SCULPTURES

ET GRAVURES,

DE MESSIEURS

DE L'ACADÉMIE ROYALE,

Dont l'Expofition a été ordonnée, fuivant l'intention de SA MAJESTÉ, par M. l'Abbé Terray, Miniftre d'Etat, Confeiller du Roi en tous fes Confeils, Commandeur de fes Ordres, Contrô-leur Général des Finances, Directeur & Ordon-nateur général des Bâtimens du Roi, Jardins, Arts, Académies & Manufactures Royales.

A PARIS, *rue S. Jacques,*

De l'Imprimerie de la Veuve Herissant, Imprimeur du ROI, des Cabinet, Maifon & Bâtimens de Sa Majesté, de l'Académie Royale de Peinture, &c.

M. DCC. LXXIII.

AVEC PRIVILÉGE DU ROI.

AVERTISSEMENT.

Il feroit à fouhaiter que l'ordre établi dans ce petit Livre, fût conforme à l'arrangement des Tableaux dans le Salon du Louvre. Mais comme on ne pourroit alors le commencer qu'après que tous les Ouvrages y auroient été placés, il s'enfuivroit un inconvénient plus confidérable encore; le Public ne jouiroit de ce Livret que long-temps après l'ouverture du Salon : on a donc cru plus à propos de mettre à chaque Morceau un Numéro répondant à celui qui eft dans ce Livre, & qu'il fera aifé d'y trouver.

Pour faciliter cette recherche, on a cru devoir interrompre l'ordre des grades de Meſſieurs de l'Académie, & ranger ces Ouvrages sous les diviſions générales de Peintures, Sculptures & Gravures. Lorſque le Lecteur cherchera le Numero marqué ſur un Tableau, il verra au haut des pages Peintures, & ne cherchera que dans cette partie; & ainſi des autres.

EXPLICATION

Des

PEINTURES, SCULPTURES,

& autres Ouvrages de Meſſieurs de l'Académie Royale, qui ſont expoſés dans le Salon du Louvre.

———✦———

PEINTURES.

———

OFFICIERS.

———

PROFESSEURS.

Par M. *Hallé*, Profeſſeur, Sur-Inſpecteur de la Manufacture Royale des Tapiſſeries de la Couronne.

Nº 1. Saint Louis portant en Proceſſion de Vincennes à Paris, la ſainte Couronne d'épines.

Ce Tableau, de 9 pieds de haut, ſur 6 pieds de large, eſt deſtiné à décorer la Chapelle de l'Ecole Royale Militaire.

2. Autres Ouvrages ſous le même numéro.

Par M. *Vien*, Profeſſeur, Directeur de l'Ecole
Royale des Eleves protégés par le Roi.

3. Saint Louis, à ſon avénement à la Couronne, remet
à la Reine Blanche de Caſtille, ſa mere, la Régence
du Royaume, en préſence du Cardinal Romain,
Légat du Saint Siége.

La Reine, vêtue de blanc, eſt en deuil de Louis
VIII, ſon Epoux, la couleur blanche étoit alors en
usage pour le deuil; le Cardinal eſt en violet, la
pourpre ne diſtinguoit point encore les Cardinaux;
le Chapeau rouge ne leur fut donné qu'au Concile
de Lyon, vers l'an 1246.

Ce Tableau, de 9 pieds de haut, ſur 6 pieds 6
pouces de large, eſt deſtiné à décorer la Chapelle
de l'Ecole Royale Militaire.

4. Diane, accompagnée de ſes Nymphes, au retour de
la Chasse, ordonne de diſtribuer le gibier aux
Bergers des environs.

Ce Tableau appartient au Roi, & eſt deſtiné
pour Trianon.

5. Deux jeunes Grecques font ſerment de ne jamais
aimer, & ſe jurent un attachement éternel ſur
l'autel de l'Amitié; le Temps endormi & ſa faux
briſée, dont les débris ſervent à entretenir le feu
qui brûle ſur l'autel, indiquent que leur union
ſera durable; mais l'Amour qui ſe rit de pareils
ſermens, & qui favoriſe les vœux du jeune homme
qu'on apperçoit dans le fond du Tableau, profite
du ſommeil du Temps pour allumer ſon flambeau
à l'autel même de l'Amitié.

6. De jeunes Grecques rencontrent l'Amour endormi

dans un jardin; elles s'en approchent fans le con-
noître, & s'amufent à le parer de guirlandes de
fleurs.

Ces deux Tableaux, l'un de 10 pieds de haut,
fur 7 pieds 6 pouces de large; l'autre de 10 pieds
de haut, fur 6 pieds 9 pouces de large, appartiennent à Madame la Comteffe du Barry, & font
deftinés pour Lucienne.

Le dernier ne pourra être expofé que dans le
courant du Salon.

7. Une jeune Grecque endormie.

Tableau de 2 pieds 6 pouces de large, fur 2
pieds de haut. Il appartient à M. le Baron de
Bezenval.

Par M. *de la Grenée*, Profeffeur.

8. L'entrevue de Saint Louis & du Pape Innocent IV.

Lyon fut le lieu indiqué pour cette entrevue;
le Pape s'y rendit le premier, accompagné de
l'Empereur de Conftantinople, de plufieurs Pa-
triarches, Evêques & Cardinaux; auffi-tôt que le
Pontife fçut que le Roi arrivoit, accompagné de
la Reine Blanche, fa Mere, de fon Frere & de leur
Cour, il fut au-devant de lui & l'embraffa affec-
tueufement.

Ce Tableau, de 9 pieds de haut, fur 6 pieds 6
pouces de large, eft deftiné à orner la Chapelle de
l'Ecole Royale Militaire.

9. Les trois Grâces au Bain.

Ce Tableau appartient à M. le Marquis de
Marigny, Directeur & Ordonnateur général des

Bâtimens du Roi, Jardins, Arts, Académies &
Manufactures Royales.

10. Une Femme endormie fur un lit parfemé de
rofes.

 Ce Tableau appartient à Mgr le Duc de Chartres.

11. L'éducation de la fainte Vierge.

12. La fainte Vierge, promenant l'Enfant Jefus fur un
mouton, plufieurs enfans étendent leurs vête-
mens.

 Ces deux Tableaux appartiennent à Madame
Geoffrin.

13. Les quatre Arts, repréfentés par divers fujets de
l'Hiftoire Ancienne.

14. La Poëfie; Anacréon careffé par les Mufes.

15. La Peinture. Appellès amoureux de la Maîtreffe
d'Alexandre; ce Prince la lui cede.

16. La Sculpture. Pigmalion amoureux de fa Statue;
Vénus l'anime.

La Mufique. Orphée; Pluton lui rend Euridice,
fon Epoufe.

17. Bacchus nourri par les Déeffes de la Terre.

 Ce Tableau appartient à M. le Baron de Breteuil, Ambaffadeur de France à la Cour de Naples.

18. David & Bethfabée.

 Ce Tableau appartient à M. le Duc de Grammont.

19. Vénus noue le bandeau à l'Amour.

20. Diane, au bain, fe fait rapporter fon arc par un
chien.

 Ces deux Tableaux ovales appartiennent à
M. Moreau des Ifles.

21. La Nymphe Salmacis.

Tableau peint fur cuivre, de 14 pouces de haut, fur 11 pouces de large.

22. Plufieurs Tableaux fous le même Numéro.

Par M. A. *Vanloo*, Profeffeur.

23. Saint Louis, âgé de douze ans, préfenté par la Reine Blanche, fa mere, pour être facré. Jacques de Bazoche, Evêque de Soiffons, fait la fonction, le Siége de Reims étant vacant; le Duc de Bourgogne porte la Couronne, l'Evêque de Laon tient la fainte Ampoule, le Sceptre eft tenu par l'Evêque de Langres; derriere le Duc de Bourgogne font les Comteffes de Flandre & de Champagne, repréfentant leurs maris, abfens; dans le fond font le Chancelier & le Cardinal de Saint-Ange.

Ce Tableau, de 9 pieds de haut, fur 6 pieds 6 pouces de large, eft deftiné à orner la Chapelle de l'Ecole Royale Militaire.

24. La Sultane favorite avec fes Femmes, fervie par des Eunuques noirs & blancs.

Tableau de 15 pieds de largeur, fur 10 pieds de hauteur, deftiné à être exécuté en Tapifferie.

ADJOINTS A PROFESSEUR.

Par M. *Doyen*, Adjoint à Profeffeur.

25. Saint Louis eft attaqué de la maladie épidémique, qui régnoit dans fon Camp de Tunis, occafionnée par les fables brûlans que les Sarrafins remuoient

avec des machines fur le haut des montagnes, &
que les vents pouffoient fur les Chrétiens. Il
demande le faint Viatique, qui lui fut apporté
par Geoffroy de Beaulieu, fon Confeffeur, de
l'Ordre des Freres Prêcheurs. Ce faint Roi étoit fi
foible qu'il ne pouvoit fe foutenir ; mais fa ferveur
& fon profond refpeĉt pour le Roi des Rois le
foutinrent ; il fe jetta en bas de fon lit ; Philippe,
fon Fils, & ceux qui entouroient le Roi, le couvrent
de fon manteau royal : il reçoit à genoux le Sacre-
ment de l'Euchariftie, avec la dévotion la plus
exemplaire, & recommande à fon Fils fa Famille,
dont une partie étoit préfente.

On fut enfuite obligé de le reporter fur fon lit.
Il mourut fur le rivage de Tunis, près de Car-
thage, le 25 Août 1270, âgé de 56 ans.

Ce Tableau, de 17 pieds de haut, fur 10 pieds
de large, eft deftiné à décorer le Maître-Autel de la
Chapelle de l'Ecole Royale Militaire.

26. Cybele, mere des Dieux, repréfente la Terre avec
fes attributs. Sur un rocher glacé, les vents raf-
femblent tous les frimats, & attaquent la mere
des Dieux ; fon char eft brifé ; fes lions, effrayés,
fe preffent autour d'elle pour la defendre ; les vents
fouterreins, en combattant contr'eux, ébranlent le
rocher fur lequel la Terre eft renverfée ; au même
inftant Jupiter pluvieux arrive avec les enfans des
nuées pour appaifer les vents & délivrer Cybele.

Ce deffin au biftre, de 2 pieds 4 pouces de haut,
fur 1 pied 10 pouces de large, eft l'efquiffe d'un
Tableau projetté. Il appartient à Madame la
Ducheffe de Choifeul.

Par M. *Lépicié*, Adjoint à Profeſſeur.

27. Saint Louis rendant la juſtice ſous un chêne à Vincennes.

Tableau de 9 pieds de haut, ſur 6 pieds 6 pouces de large, deſtiné à décorer la Chapelle de l'Ecole Royale Militaire.

28. L'Aſſomption de la Vierge.

Tableau de 15 pouces de haut, ſur 10 pouces de large.

29. La Vigilance domeſtique.

Tableau peint ſur cuivre, de 15 pouces & demi de haut, ſur 12 pouces de large.

30. La Politeſſe intéreſſée.

Tableau peint ſur bois, de 15 pouces de haut, ſur 11 pouces & demi de large.

31. Le Chien obéiſſant.

Tableau de 22 pouces de large, ſur 20 pouces de haut.

32. Le Voyageur de campagne.

Tableau de 10 pouces & demi de haut, ſur 8 pouces de large.

33. Le petit Deſſinateur.

Tableau de 15 pouces de haut, ſur 1 pied de large.

34. L'Eleve curieux.

De même grandeur que le précédent.

35. Pluſieurs Tableaux ſous le même Numéro.

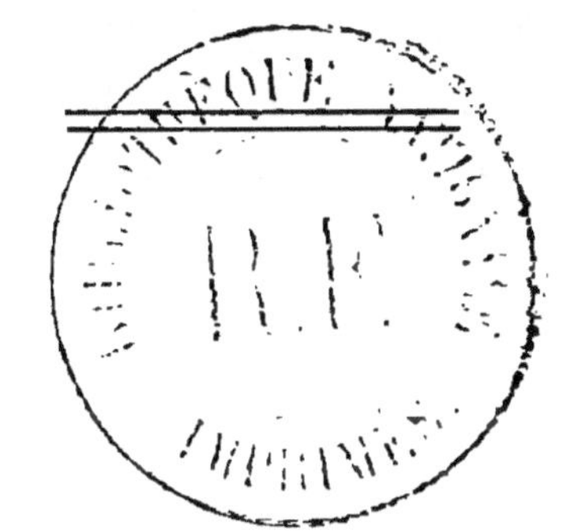

CONSEILLERS.

Par M. *Chardin*, Confeiller & Tréforier de l'Académie.

36. Une Femme qui tire de l'eau à une Fontaine.

Ce Tableau appartient à M. Sylveftre, Maître à deffiner des Enfants de France. C'eft la répétition d'un Tableau appartenant à la Reine Douairiere de Suede.

37. Une Tête d'étude au paftel.

Par M. *de la Tour*, Confeiller.

38 Plufieurs Têtes fous le même Numéro.

Par M. *Vernet*, Confeiller.

39. Quatre Tableaux, Payfages & Marines, repréfentans les quatre parties du jour.

Ces Tableaux ont chacun 5 pieds de large, fur 3 pieds de haut.

40. Marine & Payfage fur les bords de la Méditerranée.

Tableau de 8 pieds de large, fur 5 pieds de haut.

41. Plufieurs Tableaux fous le même Numéro.

Par M. *Roflin*, Confeiller, Chevalier de l'Ordre Royal de Vafa.

42. Le Portrait, en bufte, de Sa Majefté le Roi de Suede, dans l'uniforme des Gardes du Corps, tel

qu'au jour de la révolution, 19 Août 1772, où le Roi avoit donné pour fignal à ceux qui lui étoient attachés, un mouchoir blanc au bras.

43. Le Portrait de fon Alteffe Royale le Duc d'Oftro-gothie.

44. Le Portrait de M. le Baron de Blôme, Envoyé extraordinaire de S. M. le Roi de Dannemarc, auprès de S. M. T. C.

45. Le Portrait de M. le Comte Stroganoff, dans fon Cabinet d'étude.

46. Plufieurs Portraits fous le même Numéro.

Par M. *Le Prince*, Confeiller.

47. Une fainte Famille.

Ce Tableau, de 17 pouces de haut, fur 10 pouces de large, appartient à M. de la Ferté, Con-trôleur des Menus plaifirs du Roi.

48. Une jeune Fille, qui fe croit malade, confulte un vieux Médecin, qui, en lui tâtant le pouls, lui apprend que la maladie eft dans fon cœur.

49. Une jeune Femme fait effayer à fon Epoux des lunettes qu'un jeune Marchand vient lui offrir.

Ces deux Tableaux, de 20 pouces de haut, fur 17 pouces de large, appartiennent à Mgr le Duc de Chartres.

5o. Une Femme, qui, en donnant à teter à fon Enfant écoute une Vieille qui fait une lecture.

51. Un homme, au cabaret, préfente de l'argent à une jeune Fille.

Ces deux Tableaux, de 9 pouces de hauteur,

fur 7 pouces de largeur, appartiennent à M. le Comte Stroganoff.

52. Une Femme fe repofant fur un canapé.

Ce Tableau, de 2 pieds 7 pouces de largeur, fur 2 pieds 7 pouces de hauteur, appartient à M. le Comte de Bezenval.

53. Une Femme endormie, qu'un jeune Homme veut éveiller au fon de fa guitare.

Tableau de 2 pieds 3 pouces de haut, fur 23 pouces de large.

54. Une Mere, ayant furpris une caffette qui renfermoit un Portrait, des Lettres & des Bijoux, fait les plus vifs reproches à fa Fille, qui, malgré l'apparence de fon repentir, reçoit encore une Lettre qu'une Servante lui donne en cachette; le Pere cherche à lire les fentimens de fa Fille dans fes yeux, tandis que la grand'Mere lit une de ces Lettres.

Tableau de 2 pieds 9 pouces de largeur, fur 2 pieds 3 pouces de haut, du Cabinet de M. le Duc de Praflin.

55. Un Peintre commence, d'après nature, un Tableau qui doit repréfenter les Grâces; derriere fon fauteuil eft un Amateur, qui obferve les beautés de la Nature; la vieille Gouvernante apporte le déjeûner.

Ce Tableau, de 2 pieds 7 pouces de largeur, fur 2 pieds 3 pouces de hauteur, appartient à M. le Baron de Breteuil, Ambaffadeur de France à Naples.

56. Un Payfage d'après nature.

Ce Tableau, de 6 pieds de large, fur 4 pieds de

haut, appartient à M. le Comte de Choiseul-Gouf-
fier.

57. Une Femme Afiatique méditant fur fa lecture.

Tableau de 7 pouces de large, fur 5 pieds de
haut.

58. Un Vieillard tenant une cruche & une pipe.

59. Un Corps-de-Garde, & plufieurs petits Tableaux
de payfages fous le même Numéro.

60. Plufieurs Portraits & études fous le même numéro.

ACADÉMICIENS.

Par M. *Millet Francifque*, Académicien.

61. Payfages & autres Tableaux, fous le même numéro.

Par M. *Peronneau*, Académicien.

62. Le Portrait de M. V. R.

Tableau en paftel, de 27 pouces, fur 22.

63. Le Portrait de M. Duperel.

Tableau à l'huile, de 27 pouces fur 22.

64. Le Portrait d'un Vieillard, âgé de 83 ans.

Tableau ovale de 23 pouces, fur 19.

65. Autres Portraits, fous le même Numéro.

Par M. *De Machy*, Académicien.

66. Un Tableau d'Architecture, orné de figures &

d'un embarquement d'animaux, éclairé du foleil couchant.

Il eft peint par MM. de Machy & Loutherbourg.

Il a 29 pouces de large, fur 23 pouces de haut.

67. Autre Tableau de ruines d'Architecture.

De 16 pouces de haut, fur 12 pouces de large. Ces deux Tableaux font du Cabinet de M. le Duc de Grammont.

68. Une Vue de la démolition du Château de Clagny près Verfailles.

Tableau de 2 pieds 2 pouces de large, fur 1 pied 10 pouces de haut, du Cabinet de M. Vaffal de Saint-Hubert.

69. Vue du deffous du nouveau paffage du Louvre, du côté du Quai.

Tableau de 19 pouces de haut, fur 16 pouces de large.

70. Une ruine du Veftibule du Château de Clagny.

Tableau de 18 pouces de haut, fur 14 pouces de large.

71. Monfeigneur le Dauphin & Madame la Dauphine aux Tuileries, allant vers le Pont-Tournant le 23 Juin 1773.

Tableau de 2 pieds 5 pouces de largeur, fur 18 pouces de hauteur.

72. La Colonnade du Louvre, avec fes environs, & dans le fond une partie de l'extérieur du Collége des Quatre-Nations.

73. Le Portail de Saint Sulpice, & une partie de la Place.

Ces deux Deffins à la gouaffe, de 2 pieds de large, fur 18 pouces de haut, font du Cabinet de M. le Comte Stroganoff.

74. L'extérieur du Palais du Luxembourg, du côté de la rue de Tournon.

Deſſin à gouaſſe, de 20 pouces de large, ſur 14 pouces de haut.

75. La Fontaine qui eſt dans le Jardin du Luxembourg.

Deſſin de 14 pouces de haut, ſur 12 pouces de large.

76. Ruines d'Architecture.

Deſſin ovale de 15 pouces de large, ſur 13 pouces de haut.

Par M. *Drouais*, Académicien,

Premier Peintre de Mgr le Comte de Provence.

77. Le Portrait du Roi.

78. Le Portrait de Madame la Dauphine.

79. Le Portrait de Madame la Comteſſe de Provence.

Tableaux ovales deſtinés à orner le Cabinet du Roi à Choiſy.

80. Le Portrait de Madame la Comteſſe du Barry.

81. Le Portrait de feu M. le Comte de Clermont.

82. Pluſieurs Portraits ſous le même Numéro.

Par M. *Bellengé*, Académicien.

83. Une Table chargée de fruits.

Tableau de 3 pieds 4 pouces de haut, ſur 3 pieds 1 pouce de large.

84. Un Tableau de fleurs.

De 24 pouces de haut, ſur 14 pouces de large, du Cabinet de M. Aillet de Counom, Lieutenant

Civil & Criminel du Bailliage de Rouen, de l'Académie des Sciences de cette même Ville.

85. Tableau de fleurs & de fruits.

De même grandeur que le précédent, du Cabinet de M. Brochant, ancien Confeiller au Parlement de Rouen.

86. Deux petits Tableaux pendans, l'un un laque à ouvrages & des fleurs, l'autre un déjeûner.

Le premier eft du Cabinet de M. d'Embourney, Secrétaire perpétuel de l'Académie d'Agriculture, & Membre de celle des Sciences & Arts de Rouen.

87. Plufieurs Tableaux de fleurs & de fruits, fous le même Numéro.

Par M. *Guerin*, Académicien.

88. La Famille de Madame la Comteffe de Brionne, Tableau Allégorique.

De 14 pouces de haut, fur 12 pouces de large.

89. Le Décintrement du Pont de Neuilli, vu du côté de l'ancien Pont.

Efquiffe.

Par M. *Robert*, Académicien.

90. Vue d'une partie de l'ancien Palais des Ducs de Tofcane à Florence.

Tableau de 4 pieds 6 pouces de haut, fur 3 pieds 3 pouces de large. Du cabinet de M. le Baron de Bezenval.

91. Vue levée fur un ancien Plan du Palais de Titus à Rome.

Tableau de 3 pieds de large, fur 2 pieds 6 pouces de haut. Du cabinet de **M. Watelet.**

92. Vue du Cafin Mathei, près de Rome.

Tableau de 4 pieds 6 pouces de haut, fur 3 pieds de large.

93. La grande Pièce d'eau & les Bofquets des Jardins Conti, à Frefcati.

Tableau de 3 pieds de large, fur 2 pieds 6 pouces de haut.

94. Vue des environs de Tivoli.

Tableau de 18 pouces de large, fur 13 pouces de haut; il appartient à M. le Comte Stroganoff.

95. Ruines de Campo Vacino, à Rome.

96. Un Efcalier du Cafin Albani.

Ces deux Tableaux ovales ont 18 pouces de haut, fur 13 pouces de large : ils font du Cabinet de M. le Comte Stroganoff.

97. Un Temple Grec, avec la Colonade de S. Pierre.

98. Une partie des Jardins Borghefe, à Rome.

Ces deux Tableaux, de 18 pouces de large, fur 13 pouces de haut, font du Cabinet de M. le Comte Stroganoff.

99. Une petite Fille, récitant fa leçon devant fa Mere.

100. Un Enfant que fa Bonne fait déjeûner.

Tableau ovale, de 12 pouces de large, fur 8 pouces de haut.

101. Plufieurs Tableaux de diverfes grandeurs, repréfentant des vues & monumens des environs de Rome.

102. Plufieurs Deffins coloriés, de différens Edifices antiques de France, & d'Italie.

Par M. *Brenet*, Académicien.

103. Les Tartares & le Vieux de la Montagne, Prince
des Affaffins, ayant fait une irruption dans l'Afie·
Méridionale, ils envoyerent en 1238, des Ambaffa-
deurs à la Cour de France pour demander du
fecours à S. Louis; leur Réception eft le fujet de
ce Tableau.

Il a 9 pieds de haut, fur 6 pieds 6 pouces de
largeur, & eft deftiné à décorer la Chapelle de
l'Ecole Royale Militaire.

Par M. *Taraval*, Académicien.

104. Le Roi Saint Louis, âgé de 19 ans, époufe Mar-
guerite, Fille de Raimond Berenger, Comte de
Provence; cette Princeffe eft dans fa quatorzieme
année; la Cérémonie fe fait dans l'Eglife de Sens,
par Gauthier, Archevêque de cette ville. Au bas
des marches de l'Autel à droite fur un prié-dieu,
eft Blanche de Caftille, Mere du Roi; le Cardinal
Romain de S. Ange, Legat du Pape, eft près d'elle
& lui adreffe la parole. A gauche, on voit les
Seigneurs & Dames du Cortege, & dans les tra-
vées du fond de l'Eglife, le peuple que la curiofité
amene.

Ce Tableau, de 9 pieds de hauteur, eft deftiné
à la décoration de la Chapelle de l'Ecole Royale
Militaire.

105. Procris bleffée par Cephale fon Amant; il eft
occupé à retirer le javelot; l'Amour aux genoux
de Procris fe défole, & éteint fon flambeau.

Tableau de 2 pieds de largeur, fur 20 pouces de hauteur.

106. Le Portrait de M. l'Abbé Copette, Docteur de Sorbonne.

107. Autre Portrait.

108. L'Apothéofe de Pfiché.

Efquiffe d'un plafond, exécuté à **Paris.**

109. Un Efclave Calabrois.

110. Un Grouppe d'Hercule, de Pan & de Mercure.

Grand Deffin au crayon noir, faifant partie d'un Plafond, exécuté à Paris.

111. Etudes au paftel pour ce même Plafond.

112. Le lever du Soleil, précédé & accompagné des heures conduites par l'Amour.

Efquiffe de Plafond.

Par M. *Huet*, Académicien.

113. Un Vafe de Fleurs.

114. Des Fleurs & des Fruits.

Ces deux Tableaux, chacun de 8 pieds 9 pouces de haut, fur 5 pieds 3 pouces de large, font deftinés pour la falle à manger de M. de Senac.

115. { L'Europe.
     { L'Afie.

Ces deux Tableaux, de 4 pieds 6 pouces de large, fur 3 pieds de haut, font pour le Roi.

116. La Ferme.

Tableau de 3 pieds de large, fur 1 pied 10 pouces de haut.

117. La Solitude.

Tableau de 2 pieds 6 pouces de haut, fur 2 pieds de large.

118. La Fidélité, déchirant le bandeau de l'Amour, &
foulant fes attributs.

Tableau de 2 pieds de large, fur 1 pied de haut.
Il appartient à Madame la Comteffe de Brionne.

119. Le Matin.

120. Le Midi,

121. L'Après-Dînée.

122. Le Soir.

Ces quatre Tableaux ovales ont 1 pied de large,
fur 9 pouces de haut.

123. Différens Animaux & Payfages,
Peints à la gouaffe.

124. Un Trophée de Piverts.
Peint à l'huile fur papier.

125. Plufieurs Deffins, Caravanes, Payfages & Animaux, fous le même Numéro.

Par M. *Cleriffeau*, Académicien.

126. Plufieurs Tableaux de Ruines, fous le même Numéro.

Par M. *Pafquier*, Académicien.

127. Les Trois Grâces.
Peint en Email.

128. Le Portrait du Roi d'Angleterre.

129. Le Portrait de M. de Voltaire.

C'est une répétition en émail, de celui qu'il a
peint en mignature à Fermey en 1771.

130. Le Portrait de M. le Duc de Bervick.

131. Le Portrait de M. le Marquis de la Jamaïque.

132. Le Portrait de M. l'Abbé Boſſut, de l'Académie Royale des Sciences.

133. Le Portrait de M. Lavoiſier, de l'Académie Royale des Sciences.

134. Le Portrait de M. Briſart, Comédien du Roi, & celui de Mme ſon Epouſe.

135. Le Portrait de M. Duport.

136. Une Muſe, d'après la Roſalba.

137. Une Tête, d'après M. Greuze.

138. Pluſieurs Portraits en émail & en mignature, ſous le même Numéro.

Par Mlle *Valayer*, Académicienne.

139. Un Bureau chargé d'une Figure de marbre, & de différens attributs de Muſique & de Géographie.

Tableau de 5 pieds de hauteur, ſur 4 pieds de largeur.

140. Le Portrait de Mme B***.

141. { Un Panier de Raiſins.
{ Un Panier de Pêches.

Tableaux ovales, de 2 pieds de large, ſur 1 pied 8 pouces de haut.

142. { Un Dejeûner.
{ Un Saladier rempli de Pommes.

Tableaux de 19 pouces de largeur, ſur 16 pouces de hauteur.

143. Un Panier de Prunes.

Tableau de 17 pouces de large, ſur 14 pouces de haut.

144. Un petit Bas-relief, d'après M. de la Rue.

D'un pied de large, ſur 8 pouces de haut.

Par M. *Beaufort*, Académicien.

145. Saint Louis, Roi de France, étant près de Tunis pour en faire le fiége, eft attaqué de la pefte; & prévoyant qu'il en mourroit, remet à fon Fils, qui lui succéda, les inftruétions d'un grand Roi, d'un digne Pere & d'un Saint.

  Ce Tableau, de 9 pieds de haut, fur 6 pieds 6 pouces de large, eft deftiné à orner la Chapelle de l'Ecole Royale Militaire.

146. Loth & fes Filles.

  Tableau de 17 pouces de large, fur 14 pouces de haut.

147. L'Enlevement des Sabines.

  Deffin lavé au biftre, de 2 pieds 6 pouces de large, fur 1 pied de haut.

148. Plufieurs Tableaux, fous le même Numéro.

Par M. *De Wally*, Académicien, Architeéte du Roi, & Contrôleur de fes Bâtimens.

149. Le Modele d'un Efcalier, exécuté chez M. le Marquis de Voyer aux Ormes; & appareillé en petit de toutes fes pièces prifes en coupe, comme dans l'exécution.

  7 pieds de long, fur 5.

150. Deux Coupes géométrales du Chœur de S. Leu, où l'on voit la Chapelle baffe pratiquée fous le Maître Autel.

  De 36 pouces, fur 24.

151. Deux vues Perfpeétives du Pavillon de Minerve, dediées à l'Impératrice de Ruffie.

  De 36 pouces, fur 24.

152. Trois Deſſins du Salon de M. le Marquis Spinola, Miniſtre Plénipotentiaire de Gênes.

De 40 pouces, ſur 30.

Par M. *Jollain*, Académicien.

153. Cayus Furius Creſinus, ayant été cité devant un Edile, pour ſe diſculper d'une accuſation de ſorcellerie, fondée ſur les récoltes abondantes qu'il faiſoit dans un petit Champ, tandis que ſes voiſins n'en tiroient que des médiocres de terres beaucoup plus étendues ; montre des inſtrumens d'Agriculture en bon état, une Ménagère intelligente & ſa Fille. Il s'écria alors, ô Romains, voilà mes ſortiléges ! mais je ne puis vous montrer mes ſoins, mes fatigues & mes veilles. *Pline, Hiſtoire Naturelle, Livre* 18, *Chap.* 4.

Tableau de 4 pieds 2 pouces de large, ſur 2 pieds 8 pouces de haut.

154. Le Samaritain charitable.

Tableau de 5 pieds 6 pouces de haut, ſur 4 pieds 6 pouces de large.

155. Vénus ſur les Eaux.

Tableau de 4 pieds 2 pouces de large, ſur 3 pieds de haut.

156. Anacréon careſſant l'Amour.

Tableau de 2 pieds 3 pouces de haut, ſur 1 pied 10 pouces de large.

157. Une Femme allaitant ſon Enfant.

Tableau de 17 pouces de haut, ſur 10 pouces de large.

AGRÉÉS.

Par M. *Douet*, Agréé.

158. Tableaux d'Animaux & de Fleurs, fous le même Numéro.

Par M. *Monnet*, Agréé.

159. Zéphire & Flore.
160. Borée & Orithie.

Ces deux Tableaux cintrés, de 6 pieds de large, fur 2 pieds 3 pouces de haut, font deftinés à orner la Salle à manger de Trianon.

161. Plufieurs Deffins & Efquiffes, fous le même Numéro.

Par M. *Du Rameau*, Agréé.

162. Saint Louis, lavant les pieds aux Pauvres.

Tableau de 9 pieds de haut, fur 6 pieds de large, deftiné à décorer la Chapelle de l'Ecole Royale Militaire.

163. Le Portrait de M. Gois, Sculpteur du Roi.

Tableau ovale.

164. Deux Têtes de Vieillards.

Tableau de 20 pouces de haut, fur 16 pouces de large.

Par M. *Renou*, Agréé.

165. Une Nymphe couronnant l'Amour, après lui

avoir arraché les ailes. La Tête eſt le Portrait de Mlle C***.

Tableau de 6 pieds 6 pouces de haut, ſur 4 pieds 6 pouces de large.

166. Clitie, changée en Tourneſol.

167. Biblis, métamorphoſée en Fontaine.

Ces deux Tableaux ont chacun 1 pied 8 pouces de large, ſur un pied 3 pouces de haut.

168. Pluſieurs Tableaux, ſous le même Numéro.

Par M. *Du Pleſſis*, Agréé.

169. Un Tableau, Portraits de Famille, où l'on voit feue Madame la Ducheſſe d'Aiguillon à l'âge de 32 ans, & M. le Duc d'Aiguillon ſon Fils, à l'âge de 14 ans.

Tableau de 7 pieds 6 pouces de large, ſur 5 pieds 6 pouces de haut.

Les Têtes ſont peintes, d'après M. Nattier.

170. Le Portrait de M. Roux, Secrétaire du Roi, Correſpondant de l'Académie Royale d'Architecture.

171. Le Portrait de M. l'Abbé Boſſut, de l'Académie Royale des Sciences.

172. Pluſieurs Portraits, ſous le même Numéro.

Par M. *Hall*, Agréé.

173. Le Portrait de Monſeigneur le Comte d'Artois.

174. Une Tête en émail, & pluſieurs Portraits ſous le même Numéro.

Par M. *La Grenée* le jeune, Agréé.

175. S. Michel, terraſſant le diable.

176. Le Baptême de Jeſus-Chriſt.

Ces deux Tableaux, de 7 pieds 6 pouces de haut, ſur 5 pieds de large, ſont pour l'Egliſe Cathédrale d'Auxerre.

177. Moyſe ſauvé des Eaux.

178. Apollon accorde à la Sybille de Cumes, de vivre autant d'années qu'elle a de grains de ſable dans les mains.

Ces deux Tableaux, chacun de 20 pouces de hauteur, ſur 16 pouces de largeur, ſont du Cabinet de M. le Duc de Grammont.

179. Saint Jean, dans l'île de Pathmos.

180. La Tentation de Saint Antoine.

Ces deux Tableaux, de 16 pouces de haut, ſur 12 pouces de large, ſont du Cabinet de M. Vaſſa de Saint-Hubert.

181. Un Sacrifice à Vénus.

Tableau de 16 pouces de haut, ſur 12 pouces de large.

182. Pluſieurs Deſſins, ſous le même Numéro.

———

Par M. *Courtois*, Agréé.

183. Pluſieurs Portraits en émail, ſous le même Numéro.

———

Par M. *Martin*, Agréé.

184. L'Éducation de la Sainte Vierge : on voit dans le fond, la viſion du Prophete Elie, qui le premier

avoit prédit la naiſſance de la Sainte Vierge. Saint Joachim, inſpiré en liſant la prediction du Prophete, en voit l'accompliſſement, & l'annonce à Sainte Anne.

Tableau de 4 pieds de large, ſur 3 pieds de haut.

185. Le vieux Silene, porté par de jeunes Silvains, & par des Bergers devant la Nymphe Eglé, qui lui préſente à boire.

Tableau de 4 pieds de large, ſur 3 pieds 3 pouces de haut.

186. Une Troupe de Bandits font halte dans des ruines ; ils font apperçus par une jeune femme, qui, accompagnée de ſes enfans & de ſa mere, leur demande la charité.

Tableau de 2 pieds 6 pouces de haut, ſur 2 pieds 3 pouces de large.

Par M. *Aubri*, Agréé.

187. Le Portrait en pied de Madame Victoire.

Tableau de 8 pieds, ſur 5 pieds 6 pouces.

188. Le Portrait de feu M. le Duc de la Vauguyon, Gouverneur des Enfans de France.

Tableau de 8 pieds, ſur 5 pieds 6 pouces.

189. Le Portrait de M. le Maréchal de Broglio.

Tableau de 4 pieds, ſur 3 pieds.

190. Le Portrait de M. le Comte d'Angévilé.

Tableau de 3 pieds, ſur 2 pieds 6 pouces.

191. Le Portrait de M. le Comte de Noailles.

Tableau de 2 pieds 6 pouces, ſur 2 pieds.

192. Le Portrait de M. Vaſſé, Sculpteur du Roi.

Tableau de 4 pieds, fur 3 pieds.

193. Plufieurs Portraits, fous le même Numéro.

Par M. *Robin*, Agréé.

194. Saint Pierre dans Jérufalem, guérit les malades par fon ombre.

Tableau de 14 pieds de haut, fur 10 pieds de large.

195. Jefus-Chrift mort fur la Croix.

Tableau de 5 pieds 8 pouces de haut, fur 3 pieds 8 pouces de large; il doit être placé dans une Paroiffe d'Orléans.

196. Plufieurs Portraits, fous le même Numéro.

SCULPTURES.

OFFICIERS.

PROFESSEURS.

Par M. *Pajou*, Profeſſeur.

197. Le Portrait de Madame la Comteſſe du Barry.
Buſte en Marbre.

198. Le Portrait de M. le Comte de Buffon.
Buſte en Marbre.

199. Un modele de la Statue du Vicomte de Turenne.
Cette Figure doit être exécutée en grand pour l'Ecole Royale Militaire.

200. Une Femme qui tient une corne d'abondance.
Figure de Marbre de 4 pieds 8 pouces de hauteur, deſtinée à orner le Pavillon de Lucienne.

201. Albinus fuyant avec ſa Famille de la Ville de Rome, rencontre les Veſtales, & leur offre le chariot où ſont ſa femme & ſes enfans.
Deſſin de 3 pieds de large, ſur 1 pied de haut.

Par M. *Caffiery*, Profeſſeur.

202. L'Amitié ſurpriſe par l'Amour, ne le connoiſſant pas, elle l'embraſſe avec confiance; cet Enfant la careſſe & ſaiſit le moment de la bleſſer d'un de ſes traits.

XXVII.   4

Grouppe en plâtre de 5 pieds 6 pouces de proportion.

2o3. Modele d'un Tombeau. L'Amitié pleure fur les
cendres de fon Amie, & y répand des fleurs;
l'urne cinéraire eft pofée fur un Autel; une des
Mufes eft appuyée fur une harpe, & couronne le
Médaillon qui eft attaché à une colonne funéraire,
furmontée d'une caffolette; la colonne eft en partie
enveloppée & accompagnée de cyprès; aux pieds
de la Mufe font divers inftrumens de mufique, un
livre & un mafque.

Terre cuite de 3 pieds de haut. On exécute ce
morceau en marbre de cette même grandeur.

2o4. Portrait de feu M. Helvetius.

Bufte en Marbre.

2o5. Deux Portraits, fous le même Numéro.

ADJOINT A PROFESSEUR.

Par M. *d'Huès*, Adjoint à Profeffeur.

2o6. Le Maréchal de Saxe.

Modele de deux pieds 4 pouces de proportion,
deftiné à être exécuté en grand pour l'Ecole
Royale Militaire.

ACADÉMICIENS.

Par M. *Mouchy*, Académicien.

207. Le Maréchal de Luxembourg.

Modèle en plâtre deftiné à être exécuté en grand pour l'Ecole Royale Militaire.

208. L'Abondance.

Modele d'une Figure exécutée à l'Hôtel des Monnoies.

Par M. *Berruer*, Académicien.

209. Le Roi ordonne la conftruction de l'Ecole de Chirurgie. Sous l'emblême de la Santé, la Chirurgie, accompagnée de la Prudence, de la Vigilance, & d'un Génie, préfente au Roi le plan du nouveau Bâtiment. Auprès de Sa Majefté font Minerve & la Générofité; on voit en bas des grouppes de Malades & de Bleffés.

Ce Bas-relief doit être exécuté en grand, dans la largeur de 31 pieds.

210. Le Portrait de M. Roettiers.

En terre cuite.

211. Une petite Figure, repréfentant la Sincérité.

Terre cuite. Elle appartient à M. Watelet.

Par M. *Gois*, Académicien.

212. Saint Bruno en priere.

Ce Modele, de 6 pieds de proportion, doit être exécuté pour la Chartreufe de Gaillon.

213. Un jeune homme diftribuant des couronnes. Cette Figure défigne l'amour de la vertu.

Modele de la proportion de deux pieds, qui doit être exécuté en pierre, dans celle de 5 pieds 6 pouces, pour l'Hôtel de M. le Duc de la Vrilliere.

214. Saint Jacques & Saint Philippe prêchant &
faifant des miracles.

Bas-relief qui doit être exécuté en pierre dans
la largeur de 31 pieds, fur 4 pieds 6 pouces de
hauteur.

Par M. *Le Comte*, Académicien.

215. Une jeune Fille qui tient une corne d'abondance
remplie de fleurs.

Figure en marbre, de 4 pieds 6 pouces de hauteur. C'eft une des Torcheres deftinées à décorer
le Pavillon de Lucienne.

216. Un Bas-relief des Armes de Madame la Comteffe
du Barry.

Modele de 2 pieds 6 pouces de haut. Il doit
être exécuté en pierre; & les Figures auront fix
pieds de proportion.

217. Deux Figures, repréfentant la Juftice & la Paix.

Modele en Talc, de 2 pieds 6 pouces de haut.
Ces Figures doivent être exécutées en pierre, de
6 pieds de proportion, pour l'Hôtel des Monnoies.

218. Le Grand Condé.

Modele de 2 pieds 6 pouces de haut. Il doit
être exécuté en pierre, de 7 pieds de proportion,
& eft deftiné à orner une des Niches de l'Efcalier
de l'Ecole Royale Militaire.

219. Un Enfant qui pleure fon oifeau.

Marbre de grandeur naturelle.

220. Une Figure de l'Egalité, & une d'une Bacchante
danfant & portant des cymballes.

Efquiffe.

Par M. *Bridan*, Académicien.

221. Le Martyre de Saint Barthelemi.

Grouppe en marbre de 3 pieds de haut. C'eſt le morceau de réception de l'Auteur à l'Académie.

222. Un Chriſt.

Modele de 2 pieds de haut, qui doit être exécuté en bronze pour l'Egliſe Cathédrale de Chartres.

AGRÉÉS.

Par M. *Monot*, Agréé.

223. Vénus dérobant l'Arc de l'Amour.
Ouvrage en Marbre.

224. Le Génie du Printemps, qui enchaîne de fleurs le ſigne du Bélier.

225. Une Tête de Bacchante, ornée de feuilles de Lierre & de Raiſins.

226. Un grand Prêtre de Diane.
Modele en Terre, d'après nature.

227. Deux Portraits ſous le même Numéro.

228. La Raiſon qui ſe laiſſe ſéduire par la Folie.
Eſquiſſe.

Par M. *Houdon*, Agréé.

229. Un Monument érigé en l'honneur de M. le Prince Michel Michailowitſch Gallitzin.

Un Génie Militaire, appuyé ſur une urne cinéraire, éteint un flambeau : à ſes pieds eſt un Trophée du cafque, de l'épée & du bouclier de ce Prince : des palmes, des lauriers & différentes couronnes, défignent les genres des Victoires qu'il a remportées.

Cette Figure, de grandeur naturelle, eft appuyée fur un fond formant une pyramide, qui doit être accompagnée de deux cyprès.

Ce Morceau, dont la pyramide a 10 pieds de haut, fur 4 de large, s'exécute en Marbre au Roule, dans les Atteliers de la Ville.

230. Autre Monument à l'honneur du Prince Alexis de Métricéwifch Gallitzin.

La Juftice eft appuyée fur une Table deftinée à recevoir l'Infcription; fur le focle qui porte cette Figure, eft une urne cinéraire grouppée avec une branche de cyprès : au deffous font deux Faifceaux qui defignent la qualité de Sénateur, dont ce Prince étoit revêtu.

Ce Morceau, de même grandeur que le précédent, s'exécute dans le même Attelier.

231. L'Impératrice de Ruffie.

Bufte en Marbre.

232. Le Portrait de feu Frédéric III, Duc de Saxe-Gotha & Altembourg.

233. Erneft-Louis, Duc regnant.

234. Marie-Charlotte de Saxe-Meinugen, Epoufe du Duc regnant.

235. Frédéric-Louife, Sœur du Duc regnant.

236. Une Tête de Vieillard aveugle, repréfentant Bélifaire.

Par M. *Boizot*, Agréé.

237. La Statue pédeftre du Roi.

Sa Majefté emploie fa force à maintenir la paix fur la Terre; ce qui eft défigné par une branche d'olivier qu'Elle ploie d'une main fur le Globe Terreftre, placé à côté d'Elle fur un Trophée de Marine; de l'autre main le Roi préfente la gloire de l'Immortalité aux Officiers de fa Marine, qui s'en rendent dignes; ce qui eft caractérifé par les couronnes de laurier unies au cercle d'or, fymbole de l'Immortalité.

Ce Modele, de 4 pieds 6 pouces de haut, doit être exécuté en Marbre, fur 18 pieds de hauteur, pour être placé à Breft, par MM. les Officiers de Marine de ce Département.

238. Une Nymphe qui éprouve, avec furprife, le danger des traits de l'Amour.

Terre cuite de 2 pieds de haut.

239. Un Grouppe repréfentant un fujet de Baccha-nale.

Terre cuite de 15 pouces de haut.

240. Deux Grouppes; l'un l'Amour & l'Amitié; l'autre Zéphire & Flore.

Ces deux Grouppes, de 18 pouces de haut, font deftinés à être exécutés en argent.

241. Plufieurs Portraits, Têtes d'étude, & quelques Bas-reliefs, fous le même Numéro.

Par M. *Clodion Michel*, Agréé.

242. Un Jupiter prêt à lancer la foudre.

Modele en plâtre, de 3 pieds 6 pouces de haut.

243. Le fleuve Scamandre defféché par les feux de Vulcain, implorant le fecours des Dieux.

Modele en plâtre, de 2 pieds 8 pouces de largeur.

244. Hercule qui fe repofe.

Modele en plâtre, de 18 pouces de hauteur.

245. Le fleuve du Rhin féparant les eaux.

Efquiffe en terre cuite, de 16 pouces de large.

246. Deux Vafes ornés de Bas-reliefs; l'un repréfente une Offrande à l'Amour, & l'autre une Offrande au Dieu Pan.

Ces Morceaux, en terre cuite, ont 8 pouces de haut.

247. Autre Vafe où l'on voit une Bacchanale d'Enfans.

Sa hauteur eft de 10 pouces.

248. Un fatyre Enfant tenant un hibou entre fes bras.

En Marbre d'un pied de hauteur.

249. Deux Bas-reliefs fous le même Numéro; l'un un facrifice à l'Amour, l'autre une Marchande d'Amours.

Ils ont chacun 1 pied de large, fur 10 pouces de haut.

250. Une Femme qui, en expirant, montre à fon Epoux le Fils qu'elle lui laiffe; l'Epoux tâche de repouffer la mort. Sujet deftiné pour un Tombeau.

Bas-relief de 18 pouces de large, fur 10 pouces de haut.

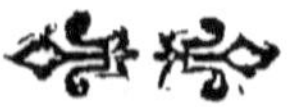

GRAVURES.

OFFICIERS.

Par M. *Le Bas*, Confeiller.

251. Achille reconnu par Ulyffe.

D'après Teniers.

252. Un Payfage.

D'après Pinnaker.

253. La Sainte Famille.

D'après Reimbrant.

254. Les trois Moulins, & la Route de Flandres.

D'après Breughels de Velours. Ces cinq morceaux font du Cabinet de M. le Duc de Choifeul.

255. Les Satyres & les Driades.

D'après Berghem.

256. Un Taureau.

D'après P. Potter.

257. Le marché conclu, la cinquieme & la fixieme Fête de village.

Trois Sujets, d'après Teniers; du cabinet de M. de Baudouin, Capitaine aux Gardes Françoifes.

258. La feptieme Fête de village.

D'après Teniers; du Cabinet de M. le Duc de Coffé.

Par M. *Cochin*, Chevalier de l'Ordre du Roi,
Secrétaire de l'Académie.

259. Plufieurs Deffins des Aventures de Télémaque.
Deftinés à une Edition *in*-8° de ce Livre.

260. Deux Deffins, Allégoriques fur l'Hiftoire de
France.

Continuation de la fuite, deftinée à orner
l'Abrégé chronologique de l'Hiftoire de France,
par feu M. le Préfident Henault.

ACADÉMICIENS.

Par M. *Demarteau*, Académicien.

261. Une Defcente de Croix.
D'après une Efquiffe de M. Pierre.

262. Un Grouppe d'Académie.
D'après Carle Vanloo.

263. Deux Enfans, jouant avec un chien.
D'après F. Boucher.

264. Trois Sujets de Femmes & d'Enfans.
Gravés à plufieurs Crayons, d'après F. Boucher.

265. Un Portrait.
D'après Vandick ; à l'imitation du crayon noir
& du lavé.

266. La Laitiere.
A plufieurs crayons, d'après M. Huet.

Par M. *Levaffeur*, Académicien.

267. La Confiance d'Alexandre en Philippe fon Médecin.

D'après le Tableau de J. Reſtout : du Cabinet du Roi.

268. Glaucias, Roi d'Illirie, prend Pirrhus ſous ſa proteċtion.

D'après le Tableau de Colin de Vermont; du Cabinet du Roi.

269. L'Enlevement de Proſerpine.

D'après le Tableau de De Troy le Fils.

270. Les Plaiſirs des Satyres.

D'après Corneille Poëlembourg.

AGRÉÉS.

Par M. *Flipart*, Agréé.

271. Une Tempête au clair de la Lune.
D'après M. Vernet.

272. Une Chaſſe aux Tigres.

D'après le Tableau de F. Boucher : du Cabinet du Roi.

Par M. *L'Empereur*, Agréé.

273. Le Feſtin Eſpagnol.
D'après Palamede Stevens.

274. Les Sermens du Berger.
D'après M. Pierre.

275. Les Préſens du Berger.
D'après F. Boucher.

Par M. *Beauvarlet*, Agréé.

276. Le Portrait de M. le Marquis de Pourbalio,
Miniſtre du Roi de Portugal.

D'après le Tableau de L. M. Vanloo; la Mer &
le fond ſont peints par M. Vernet.

277. Le Portrait de J. B. Pocquelin de Moliere.

D'après le Tableau de Bourdon.

278. La Lecture Eſpagnole.

D'après le Tableau de Carle Vanloo.

Deſſins deſtinés à être gravés.

279. Les Couſeuſes.

D'après le Tableau du Guide; du Cabinet de
feu M. le Baron de Thiers.

280. Télémaque, racontant ſes Aventures à la Nymphe
Calipſo.

D'après le Tableau de Raoux.

281. Le Médecin aux Urines.

282. La Marchande de Gibier.

Ces deux Deſſins ſont d'après les Tableaux de
Gerard d'Ow : du Cabinet de M. le Duc de Choi-
ſeul.

———————

Par M. *Aliamet*, Agréé.

283. La Bergere prévoyante.

D'après F. Boucher.

———————

Par M. *du Vivier*, Agréé, Graveur des Médailles
du Roi.

284. Un Cadre, contenant huit Médailles & huit
Jettons.

1. Médaille pour le Mariage de Monſeigneur le Dauphin.
2. Buſte de l'Impératrice Reine de Hongrie.
   Pour l'Académie de Bruxelles.
3. Buſte de S. A. S. Monſeigneur le Prince de Condé.
   Pour le Prix de l'Ecole gratuite de Deſſins de Dijon.
4. Prix fondé par la Ville de Lyon.
5. Médaille à la Mémoire de S. A. S. le Prince de Saxe Gotha.
6 & 7. Monſeigneur le Comte de Provence, & Madame la Comteſſe de Provence.
8 & 9. M. le Cardinal de la Roche-Aimon; & pour revers, la Paix & la Juſtice.
10. Jettons pour MM. les Avocats du Parlement.

Par M. *De Saint-Aubin*, Agréé.

285. Le Portrait de feu M. Helvétius.
   D'après L. M. Vanloo.
286. Les Portraits de MM. Piron, Philidor, Beaumé & Cochin.
   D'après les Deſſins de M. Cochin.
287. Frontiſpice pour l'Hiſtoire de la Maiſon de Bourbon.
   D'après F. Boucher.
288. Frontiſpice du Livre intitulé, *Eſſai ſur le caractere, les Mœurs & l'Eſprit des Femmes :* par Monſieur Thomas.
   D'après le Deſſin de M. Cochin.
   Deſſins.
289. Portraits & Etudes.

290. Autres Portraits en Médaillon.
291. Un Concert Bourgeois, & un Bal Paré.

MANUFACTURE ROYALE DES GOBELINS.

292. Le Portrait en Buſte de Monſeigneur le Dauphin,
     exécuté en Tapiſſerie ſous la conduite du ſieur
     Cozette. Ce Portrait appartient à M. de Beaujon,
     Banquier de la Cour.
293. Le Portrait en Buſte de l'Empereur.
294. Le Portrait en Buſte de l'Impératrice Reine de
     Hongrie & de Bohême.
     Ces deux Portraits, exécutés en Tapiſſerie, ſous
     la conduite du ſieur Cozette, par ſon Fils, appar-
     tiennent à Madame la Dauphine.

FIN.

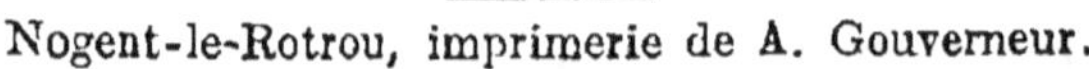

Nogent-le-Rotrou, imprimerie de A. Gouverneur.

CONDITIONS DE LA SOUSCRIPTION

A LA

RÉIMPRESSION DES ANCIENS LIVRETS

———

Chaque volume sera livré aux souscripteurs moyennant le prix :
De 1 fr. 25 sur papier vergé ;
De 2 fr. 50 sur papier de Hollande ;
De 3 fr. sur papier de Chine.
Les souscripteurs de Paris recevront les volumes à domicile. Ceux de province ou de l'étranger pourront se les faire envoyer en payant en surplus les frais de poste, s'ils ne préfèrent les faire réclamer aux bureaux de souscription.

On souscrit :

Chez MM. LIEPMANNSSOHN ET DUFOUR, libraires, 11, rue des Saints-Pères.

———

On trouve à la même librairie,

LE DUC D'ANTIN ET LOUIS XIV, rapport sur l'administration des bâtiments annotés par le Roi, publiés avec une préface, par *J.-J. Guiffrey.*

Sous presse,

LES ARTISTES FRANÇAIS, NOTICES ET DOCUMENTS pour faire suite aux *Archives de l'art français*, publiés par MM. An. de Montaiglon et J.-J. Guiffrey. Un fort volume sur papier vergé tiré à petit nombre, titre en deux couleurs. Prix, 12 fr.

———

Nogent-le-Rotrou, imprimerie de A. Gouverneur.